This book belongs to

____

____

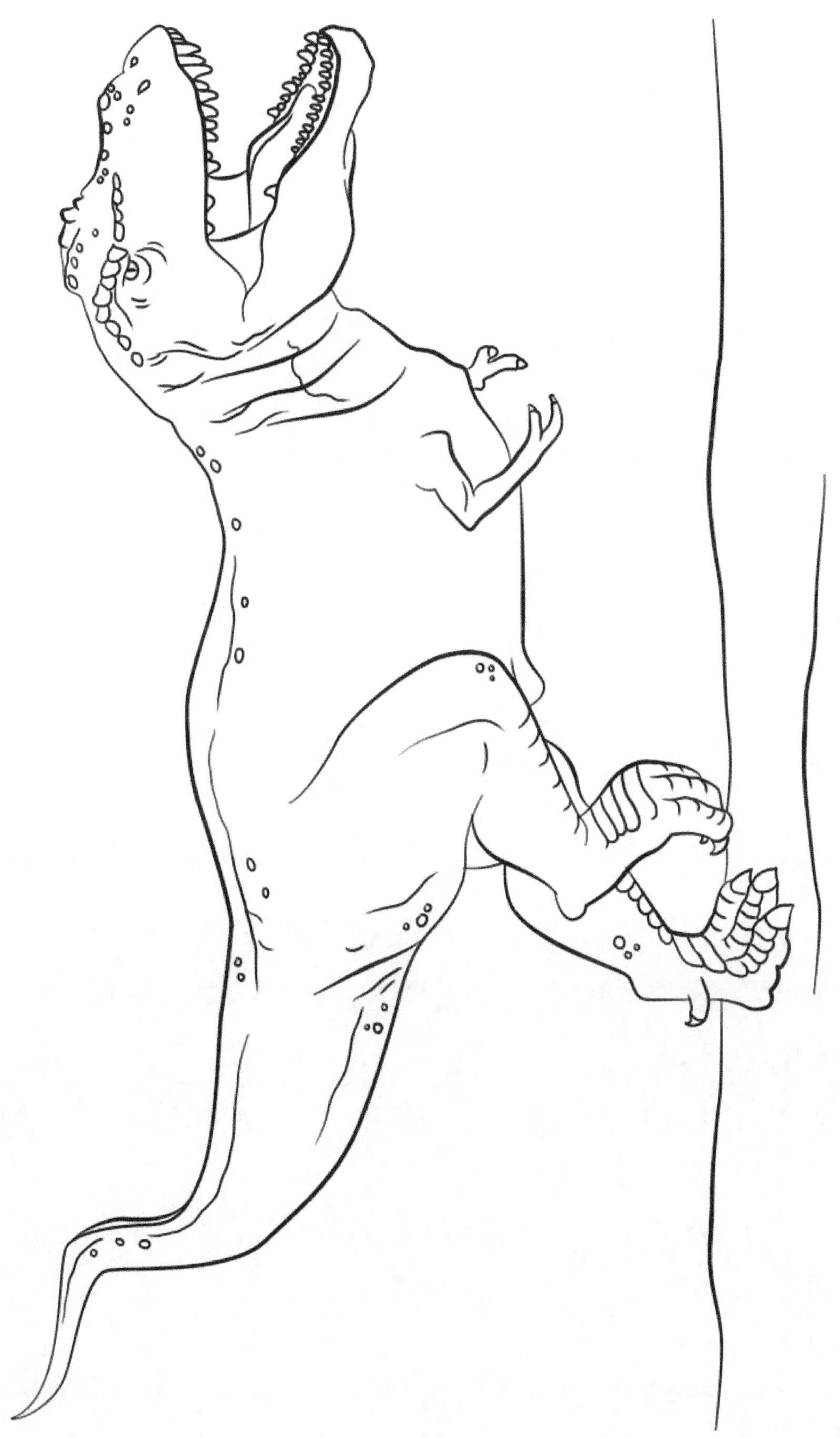

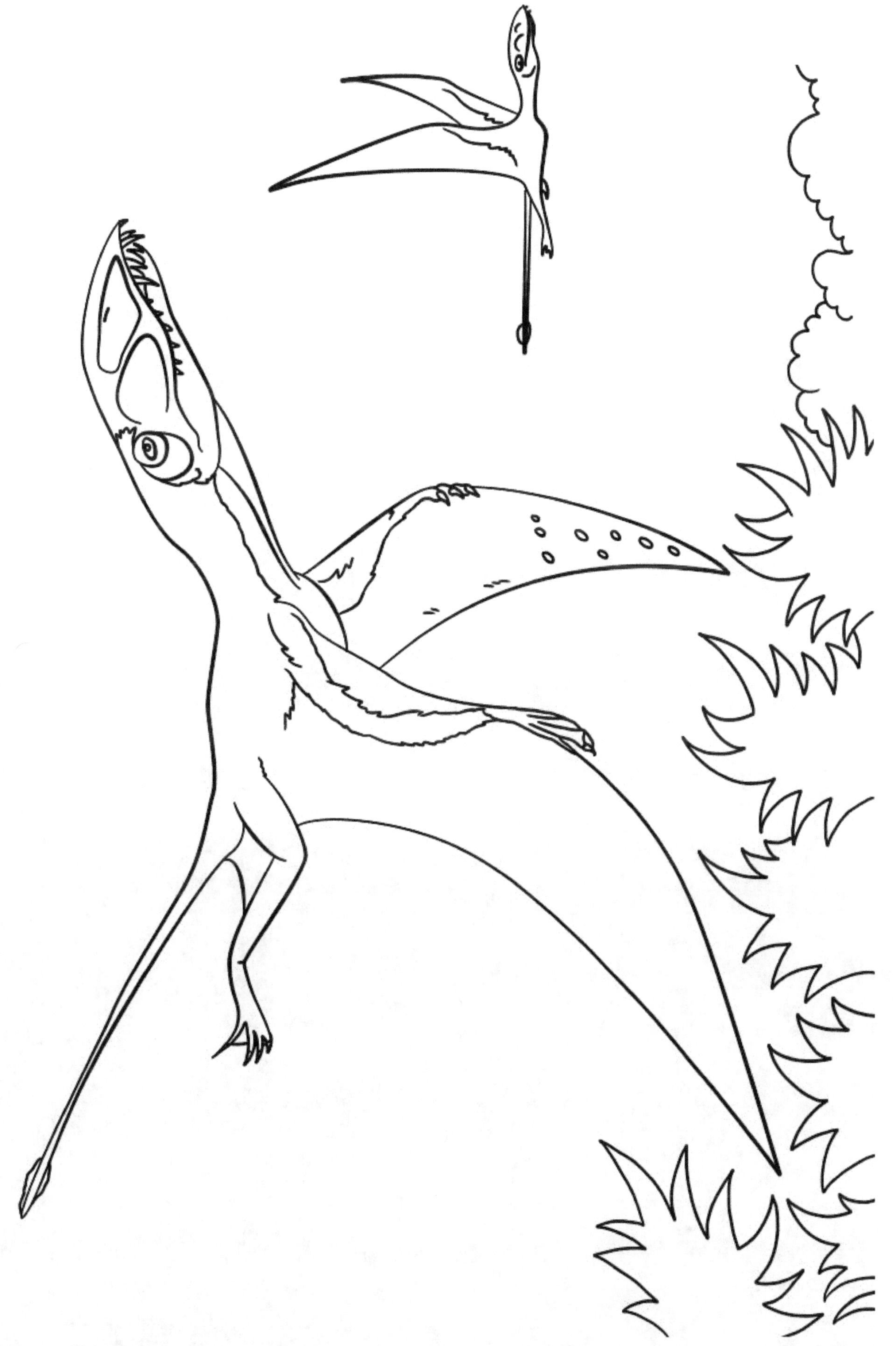

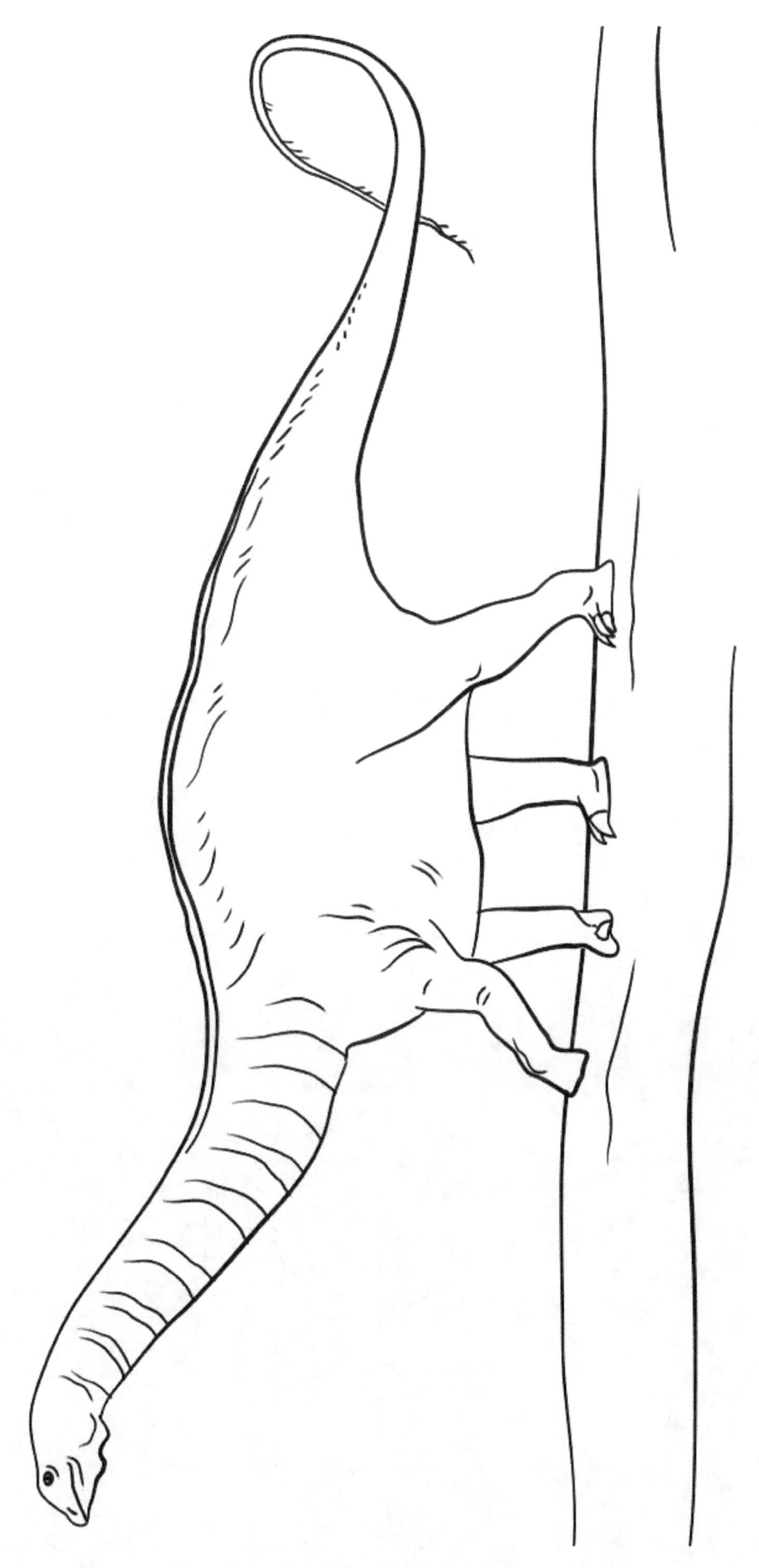

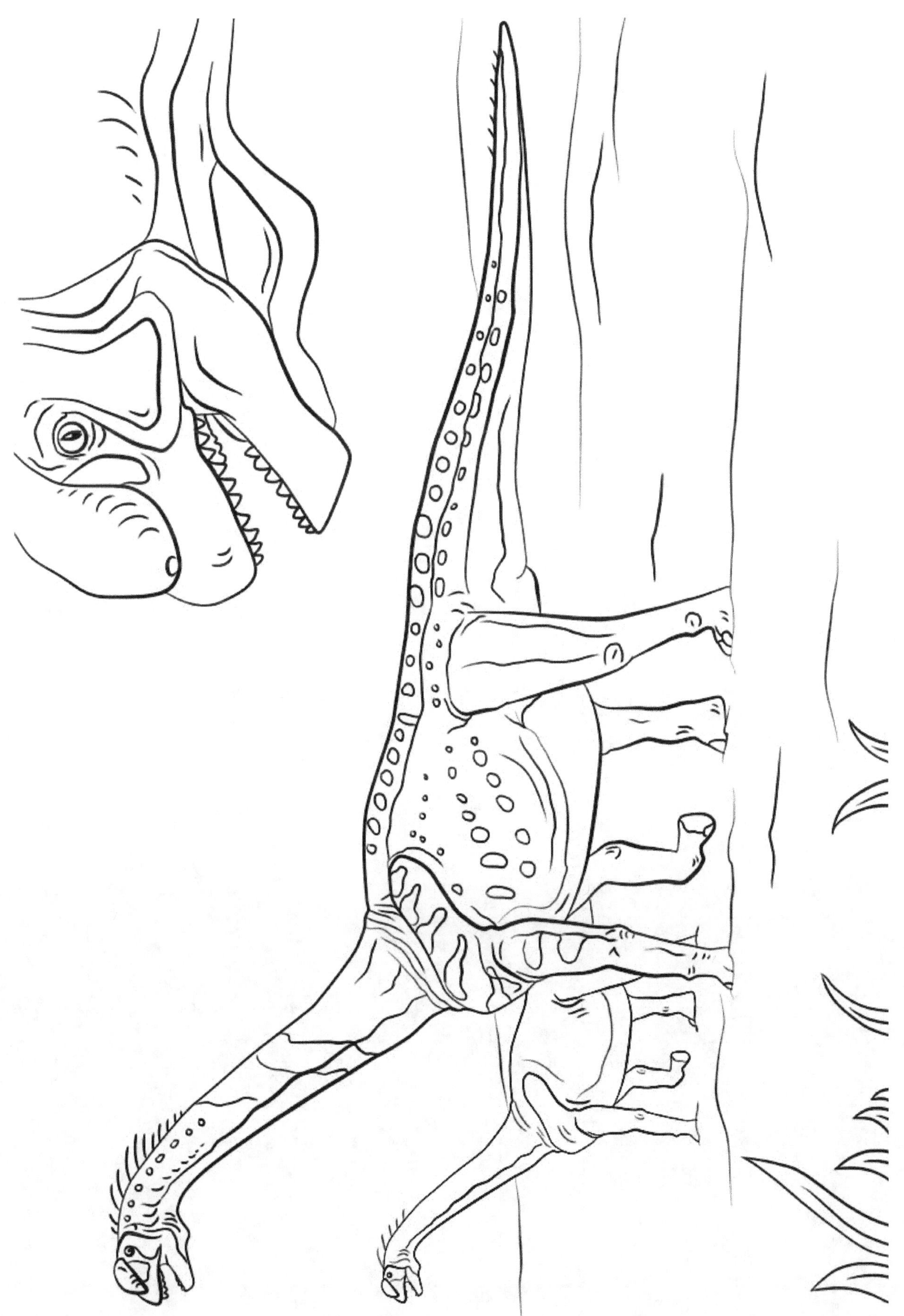

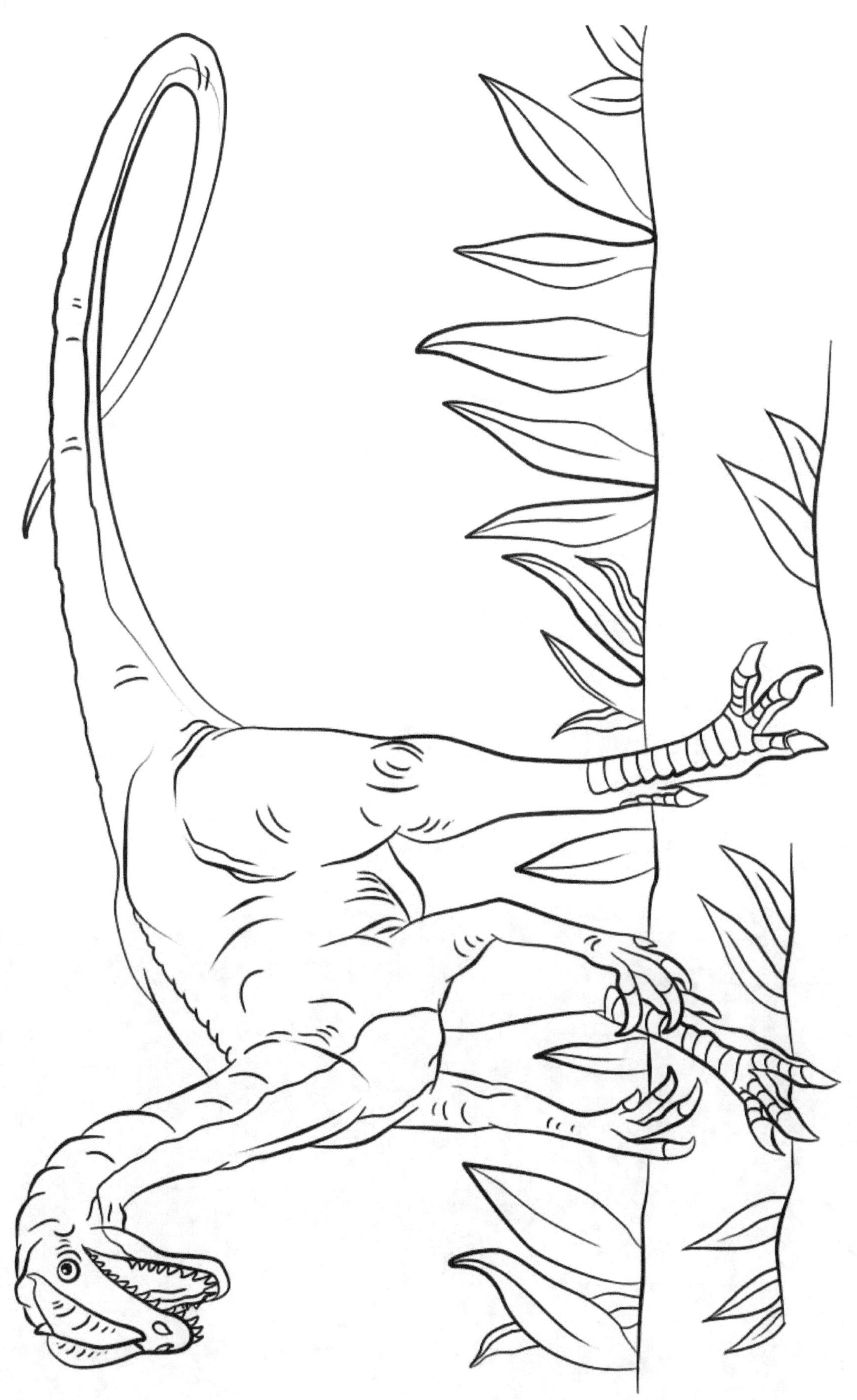

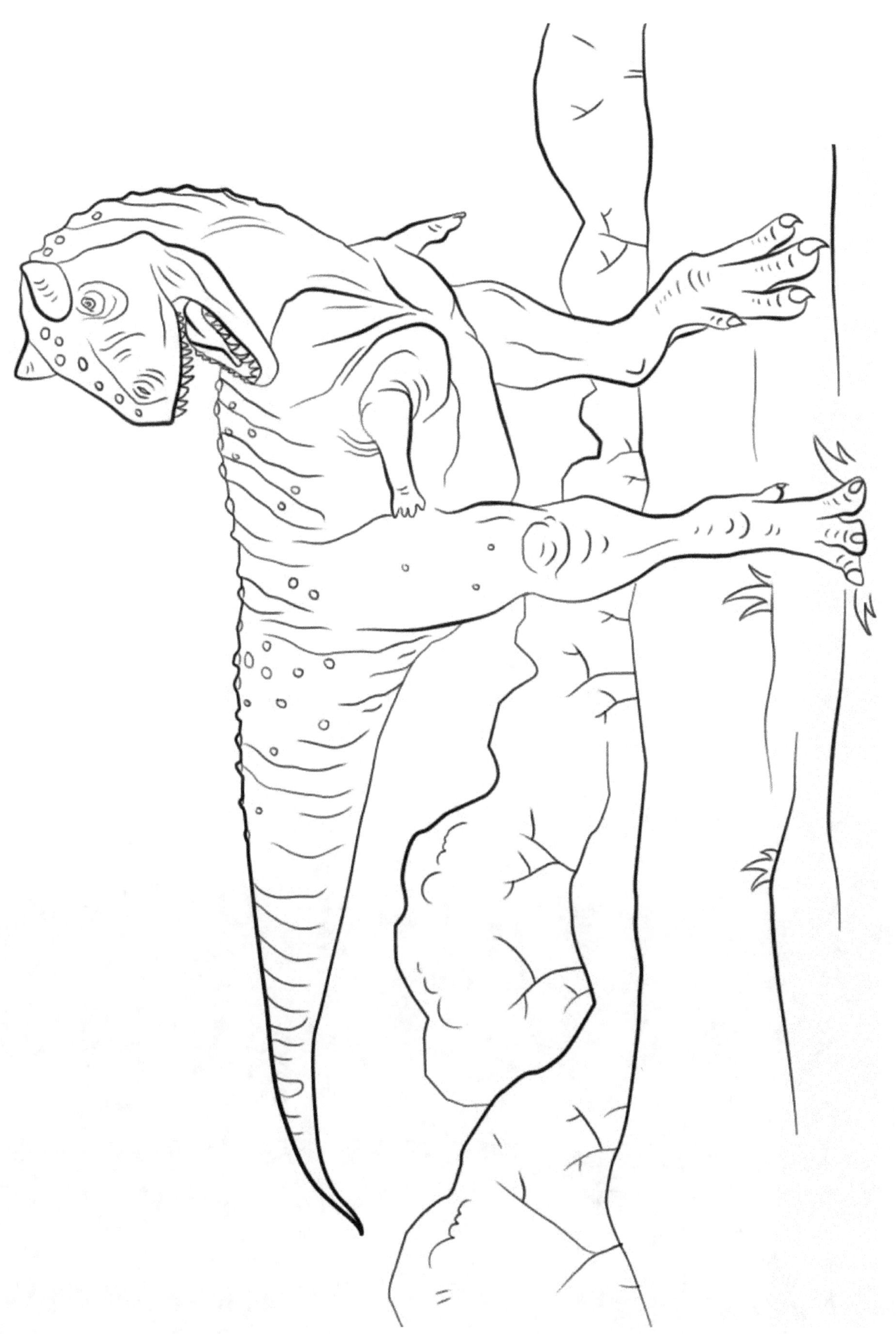

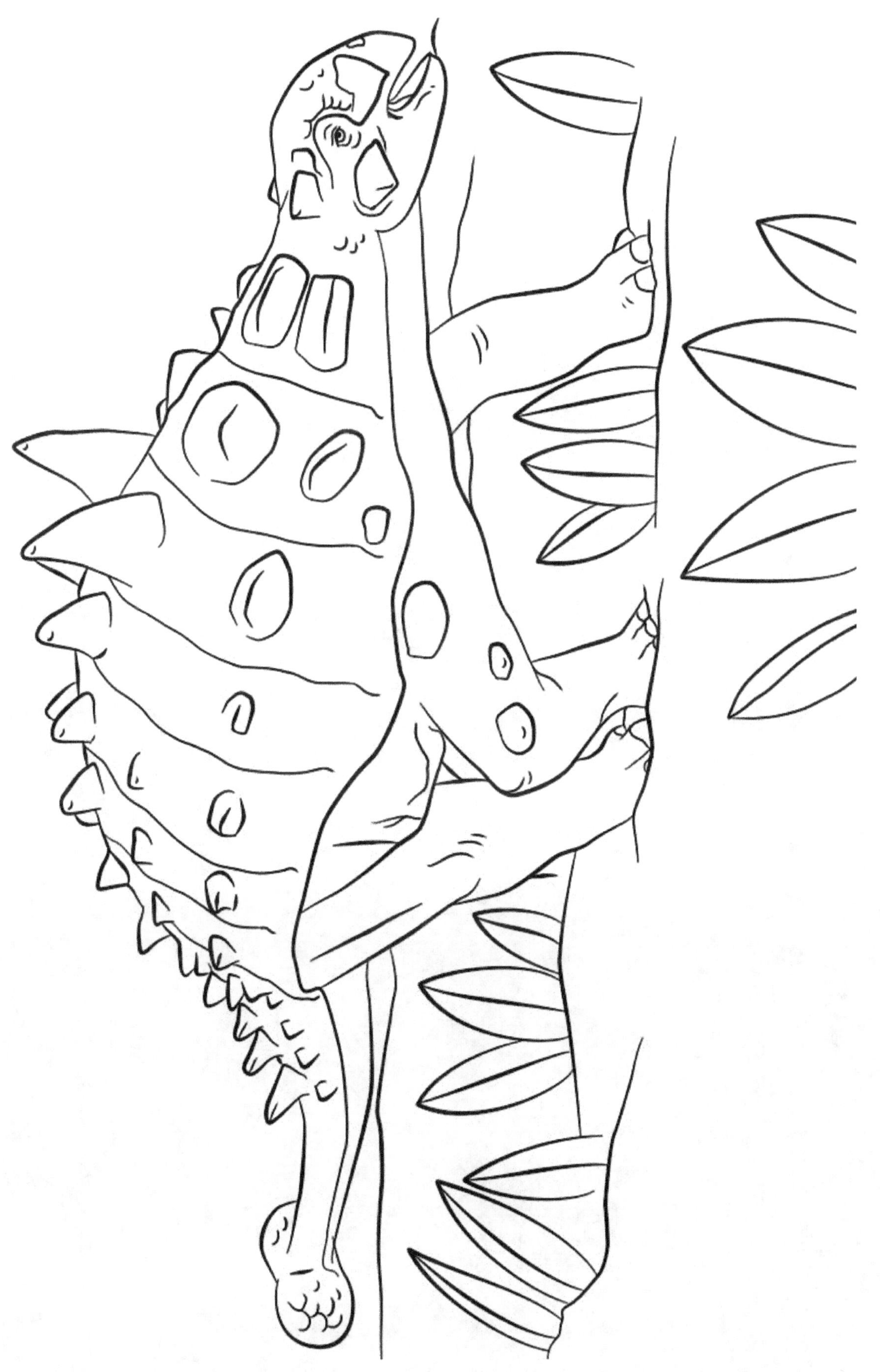

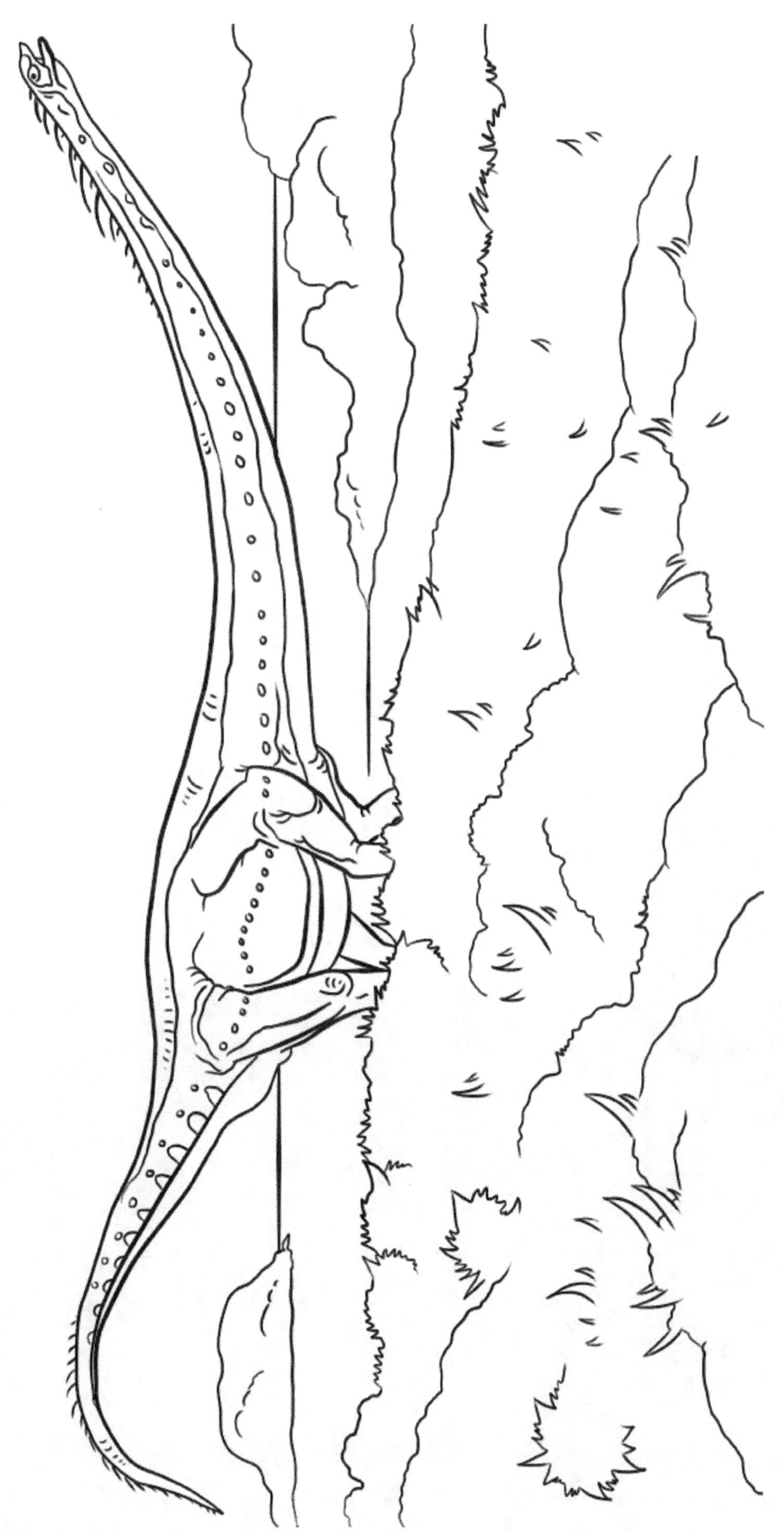

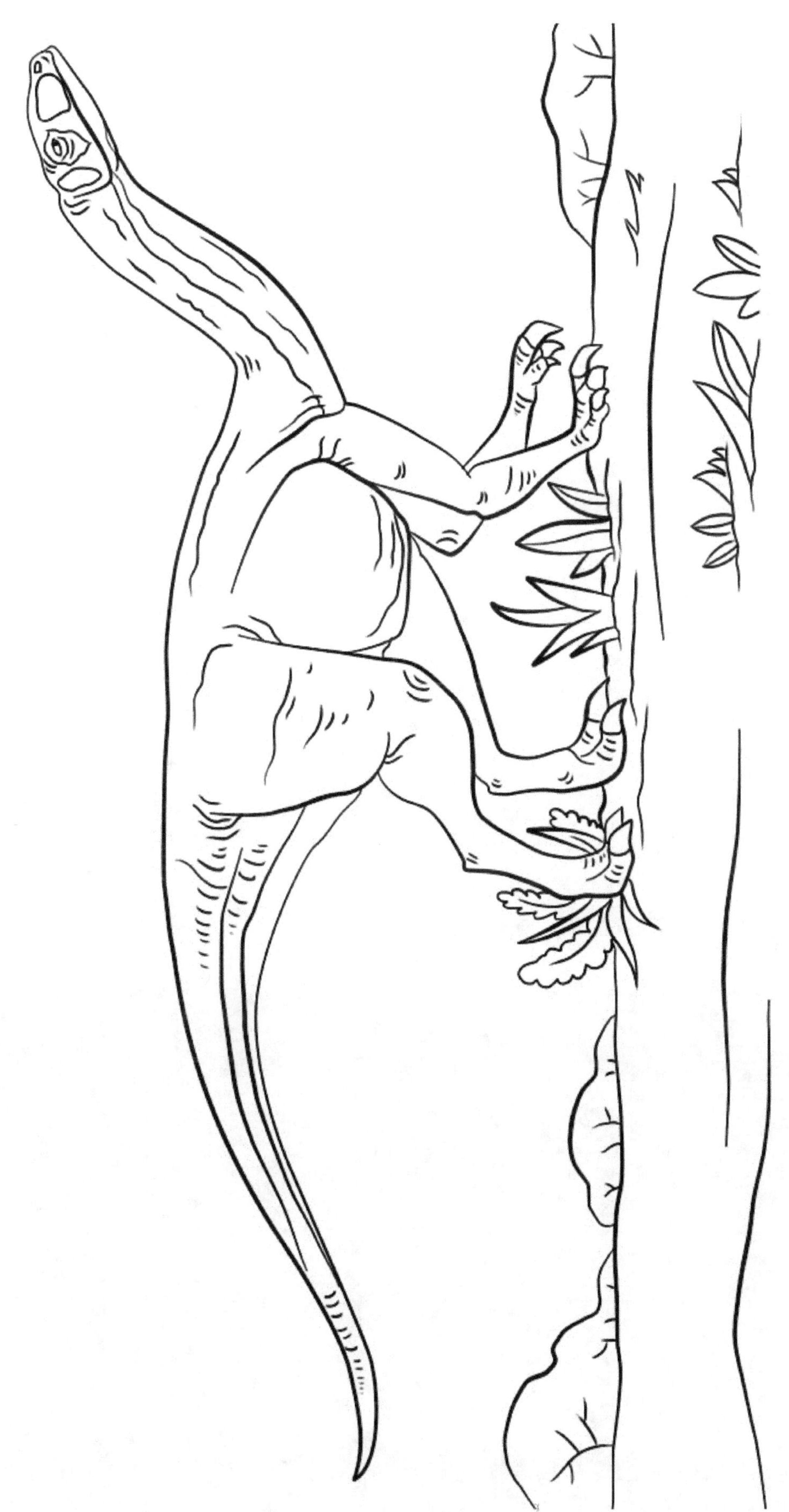

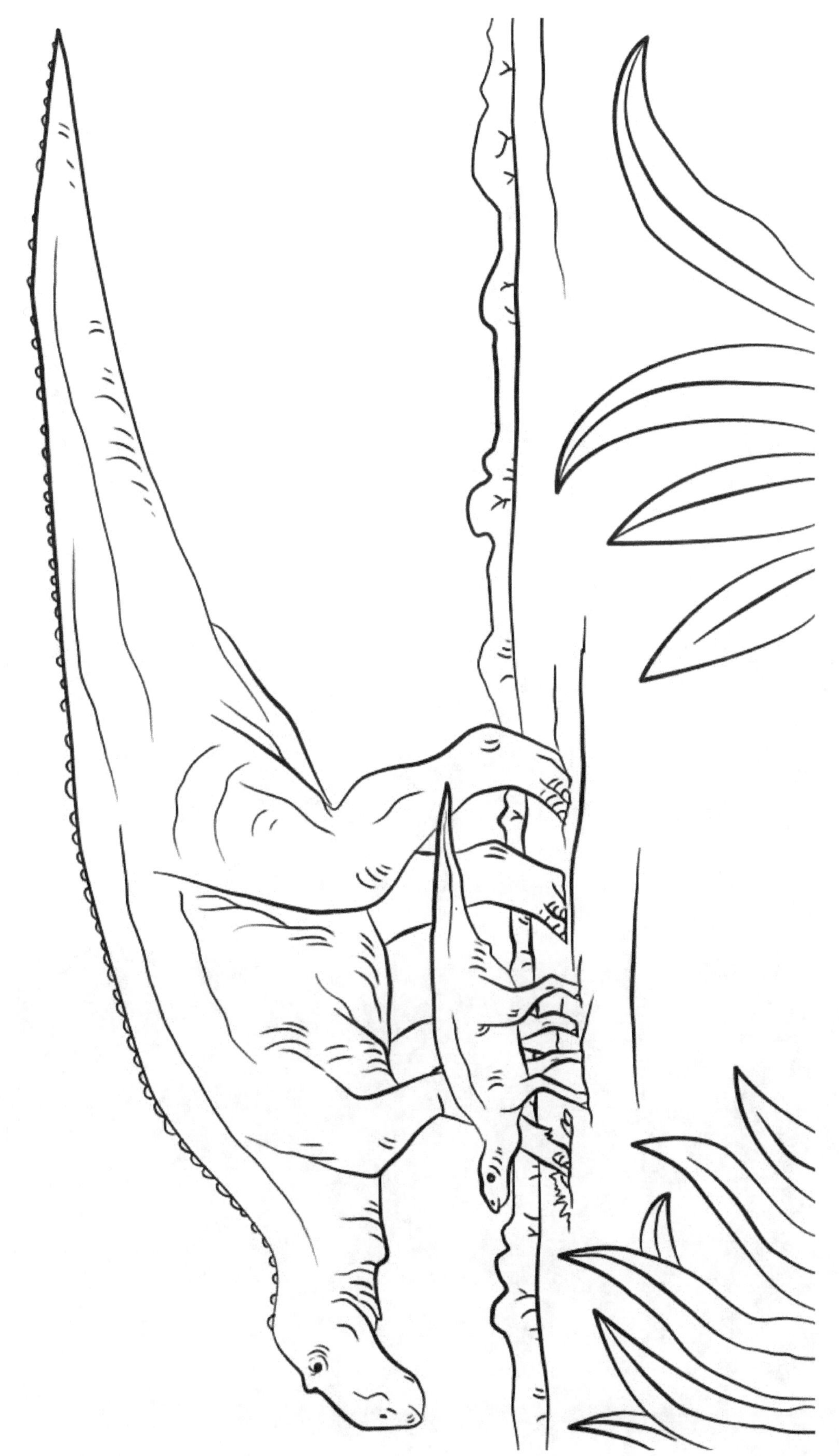

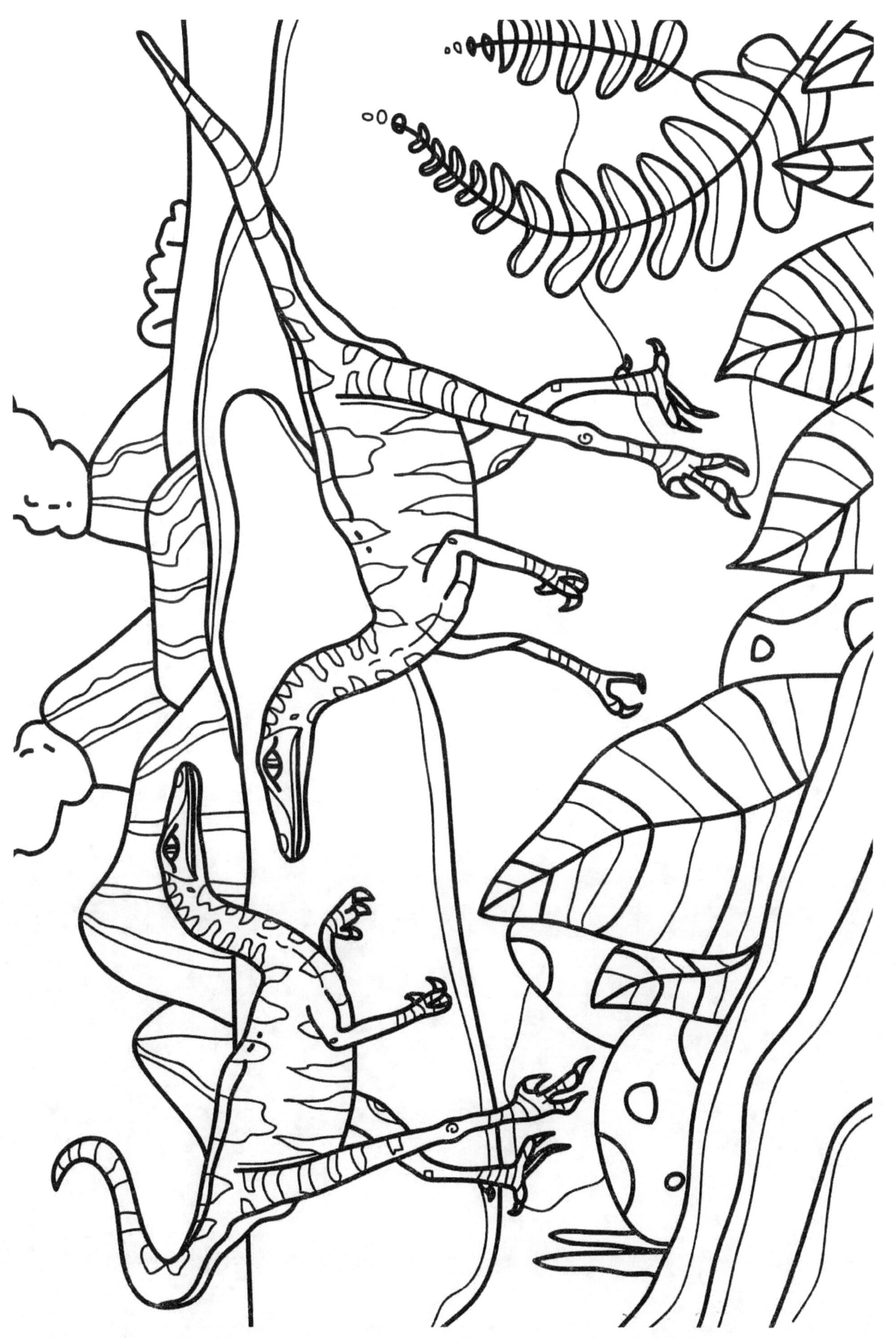

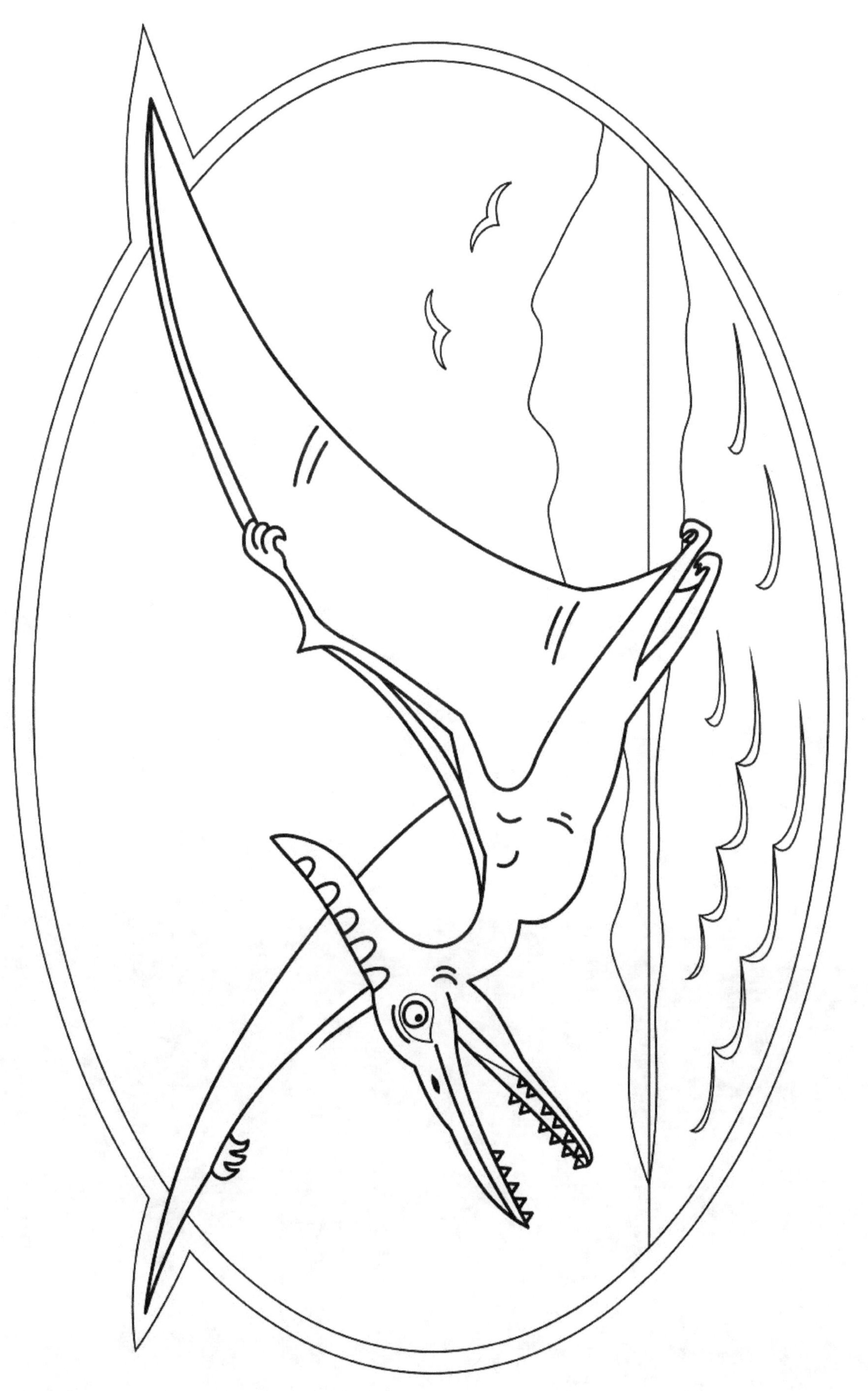

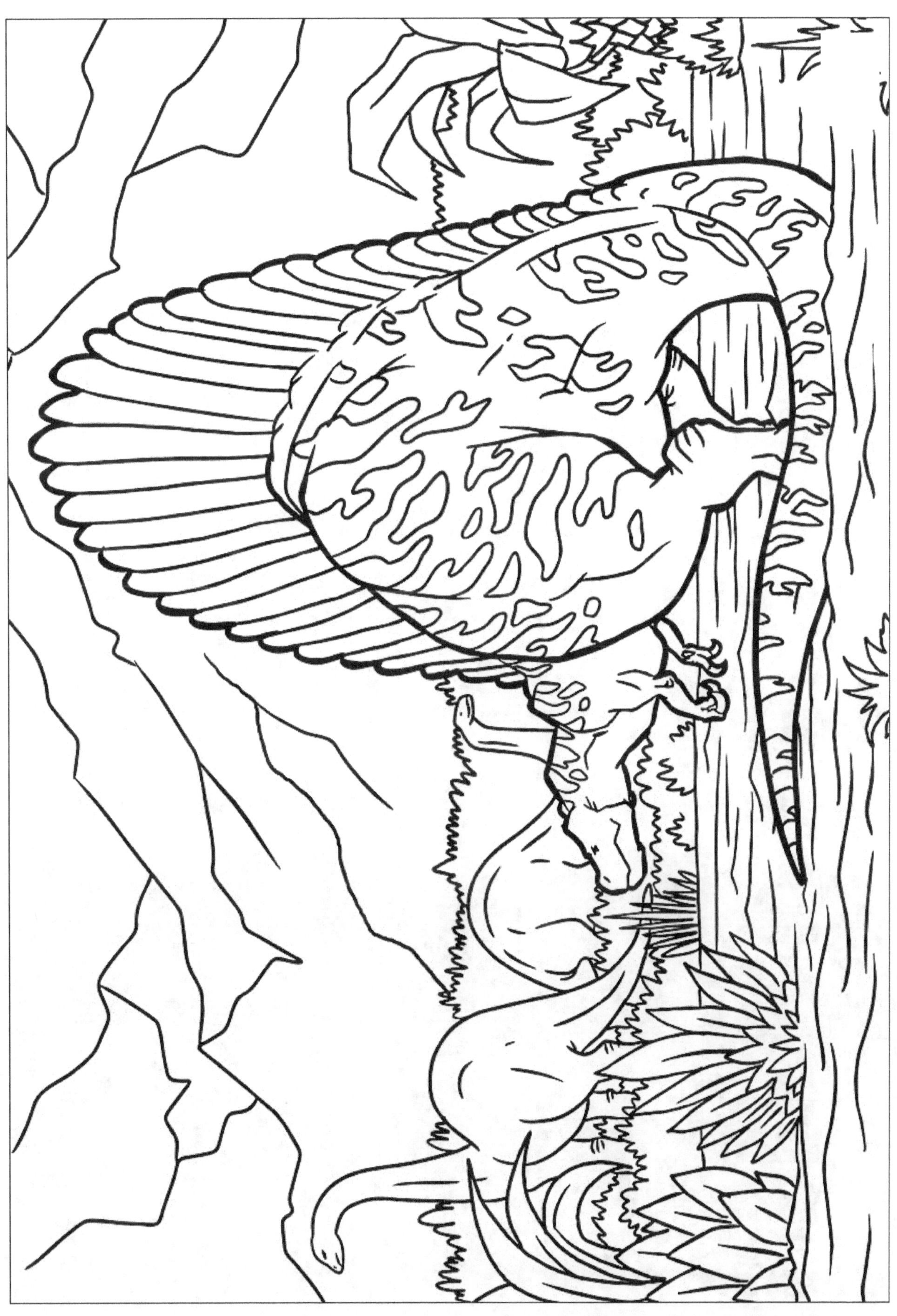